AF253620

HIPPOLYTE DRUARD

LES

CAUSES DES PROGRÈS

DE LA FACTION BONAPARTISTE

ET LES

MOYENS DE LES ENTRAVER

> Vous serez les protégés de l'Empire !
> (M. Thiers, séance du 23 mai 1873.)

DÉPÔT LÉGAL
Seine
Nᵒ 1021
1875

PARIS

IMPRIMERIE CENTRALE DES CHEMINS DE FER

A. CHAIX ET Cⁱᵉ

RUE BERGÈRE, 20, PRÈS DU BOULEVARD MONTMARTRE

1875

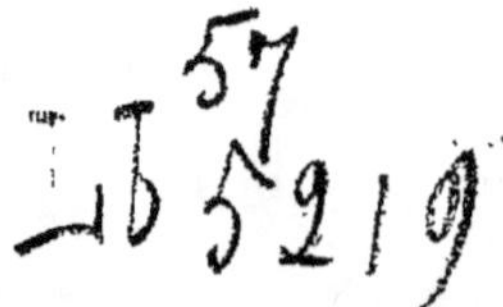

CAUSES DES PROGRÈS

DE LA FACTION BONAPARTISTE

> En des temps tels que les nôtres, chaque homme doit à ses contemporains de leur dire la parole qui est au fond de son esprit.
>
> (EDGARD QUINET, *l'Esprit nouveau*, Introduction.)

Quatre années après Sedan, après Metz, après des désastres sans précédents, la faction bonapartiste, responsable de ces hontes et de ces ruines, relève son drapeau souillé, et, plus que jamais, menace la France dans son honneur et dans sa liberté. Tandis que, devant le suffrage universel, les royalistes *n'existent même plus*, les bonapartistes triomphent dans l'arène électorale, et, fiers de leurs succès osent déjà prédire, pour un avenir peu éloigné, le triomphe de leur odieuse domination. Mais à quel degré d'abaissement moral certains Français sont-ils donc descendus pour appeler à leur secours le césarisme, ce dernier terme de la désorganisation d'un peuple, cette décadence suprême! « Ah! il faut se recueillir, disait Gambetta le 1er juin dernier, dans son remarquable discours d'Auxerre; il faut chercher les causes, les motifs d'une pareille

‚aberration, si elle est en train de se produire ; ces causes sont bonnes à étudier pour tout le monde et surtout pour le parti républicain, parce qu'il a toujours besoin d'être mis face à face avec les difficultés, avec les obstacles, avec les idées rivales des siennes, parce que, plus que jamais, l'observation, la vigilance s'imposent à nous, qui voulons obtenir enfin le gouvernement de nous-mêmes. »

L'histoire des dernières années nous suffira pour démontrer que les progrès des idées césariennes, parmi nos populations rurales, sont dus exclusivement à la conduite politique des royalistes, depuis qu'ils sont au pouvoir.

Au lendemain de la guerre, la France, avide de paix, demandait à cicatriser ses blessures à l'abri d'un gouvernement réparateur. M. Thiers le lui donna, et, pendant trois années, on put se croire en pleine convalescence. Tout bon citoyen put constater la régénération, le relèvement de la France. On envoyait, en général, siéger au parlement les candidats républicains qui, seuls, soutenaient le pouvoir, et c'est à peine si, de temps à autre, un monarchiste sortait victorieux de la lutte électorale. Quant aux bonapartistes, les malheurs qu'ils avaient attirés sur la patrie étaient encore trop présents pour leur permettre de briguer, avec succès, les suffrages de leurs concitoyens. Sous le gouvernement de M. Thiers, les électeurs de la Corse et du Pas-de-Calais (cette Corse du Nord), seuls, choisirent pour représentants des impérialistes.

Mais, depuis la fin de l'année 1873, les choses ont bien changé. L'Assemblée nationale, un mois, à peine après avoir déclaré que M. Thiers, en libérant le territoire, *avait bien mérité de la patrie*, substituait à son gouvernement trop favorable à la République, un gouvernement de combat contre la liberté, et, chose inouïe, les royalistes, en pleine occupation étrangère, ne rougirent pas, pour opérer ce coup d'État parlementaire, d'implorer le concours de ceux que, deux années auparavant, dans une séance de l'Assemblée nationale, ils avaient marqués d'une déshonorante flétrissure, en leur attribuant « l'invasion, la ruine et le démembrement de la France ». L'histoire jugera sévèrement cette coalition monstrueuse des royalistes et des bonapartistes, unis par la haine de la République, pour conjurer un péril social purement imaginaire.

Pour répudier une semblable alliance, il suffisait d'avoir un peu de tact politique. La faction bonapartiste se chargea bientôt de faire repentir les royalistes de cette imprudence inqualifiable. Une fois M. Thiers renversé, elle devint toute-puissante. Représentée alors à l'Assemblée par vingt-cinq députés, elle obtint plus de places dans l'administration générale du pays que les légitimistes et orléanistes réunis. Dans le cabinet, deux portefeuilles lui furent dévolus, celui de la guerre et celui des finances, et, dans les départements, quantité de préfectures, de sous-préfectures, presque tous les emplois dans les finances et dans la police. Favorisés de la sorte, les bonapartistes ressaisirent beaucoup de leur influence perdue. M. de Broglie, chef du cabinet, s'abusant sur leur puissance, ne put et ne voulut pas entraver leurs progrès. Devant cette faiblesse, devant cette complicité..... inconsciente, nous voulons le croire, du ministère de combat, la faction du 2 décembre mit tout en œuvre pour réunir ses partisans épars et ranimer les ardeurs attiédies. M. de Broglie, en faisant aux républicains, compris pêle-mêle sous la dénomination de radicaux, une guerre qui rappelait le beau temps de la Congrégation et les jours néfastes de la période dictatoriale de 1851-1852, en maintenant, à tout prix, l'état de siége, croyait travailler dans l'intérêt des d'Orléans. Il revendiquait, pour lui seul, l'honneur d'une restauration orléaniste. Les résultats de sa politique ont été en raison inverse de ceux qu'il en attendait. La réaction qu'il provoqua tourna tout entière au profit des impérialistes. Le malheureux duc s'estime, sans doute, un Guizot perfectionné : il n'est que la grotesque contrefaçon du célèbre ministre de la dynastie de Juillet, un brouillon parlementaire. Pendant son passage aux affaires, assez long pour faire bien du mal à la France, M. le duc de Broglie fut dupe de la faction, et, chose plus extraordinaire, la droite de l'Assemblée nationale tout entière fut dupe avec lui.

Un grand nombre de communes étaient administrées par des municipalités républicaines. Les bonapartistes persuadèrent au duc de Broglie que le seul moyen de donner au pouvoir central la légitime influence qui lui appartient était le droit de nommer les maires et les adjoints de toutes les communes de France. On vit alors, scandale trop fréquent, le langage des doctrinaires changer avec les circonstances. *Omnia pro tempore, nihil pro veritate :* c'est bien là une des formules du machiavélisme contemporain. Le duc de Broglie aima mieux sacrifier à son désir immodéré de paraître les principes de libéralisme qu'il avait défendus jusqu'alors, et qui, sous l'empire, avaient jeté sur son nom une certaine lumière. Il tomba, tête baissée, dans le piége qui lui était tendu. La loi du 20 janvier 1874, sur l'organisation municipale, nous ramena à la loi du 25 mai 1855, qui permettait au gouvernement de nommer les maires et les adjoints, et de les choisir en dehors du conseil municipal, et même, en dehors de la commune. « L'orgie » des révocations fut complète, mais les bonapartistes furent à peu près seuls à bénéficier de la nouvelle loi. Presque partout, les maires et les adjoints de l'empire furent installés à la place de ceux qui avaient reçu l'investiture de leurs concitoyens.

Pendant que la faction intriguait, M. de Broglie essayait de donner une constitution à la France. La loi du 20 novembre 1873 avait placé, pour sept ans, le maréchal de Mac-Mahon à la tête du pouvoir exécutif de la République, mais cette loi n'était qu'un lambeau de constitution. M. de Broglie voulut donner au pouvoir nouveau un ensemble d'institutions qui le rendissent viable, au moins pendant le temps pour lequel il avait été établi. Mais les légitimistes refusèrent d'organiser un gouvernement qui pourrait retarder l'avénement de la monarchie ou favoriser les intrigues des orléanistes, et dans la séance du 16 mai 1874, unis aux députés de la gauche, ils renversèrent du ministère le duc de Broglie et le renvoyèrent à son banc de député.

Ce premier échec des lois constitutionnelles donna à la majorité du 24 mai le coup mortel. Jamais, depuis,. elle n'a pu se réorganiser.

M. de Fourtou fut chargé par le Maréchal de la reconstitution du cabinet. Le nouveau ministère n'osa pas jouer son existence dans les hasards des luttes parlementaires. Il se tint constamment sur la défensive. M. de Fourtou est un bonapartiste qui, comme certains meneurs du centre droit, aussi bonapartistes, rougissent d'avouer leurs opinions. En attendant, ils prennent le vent pour se jeter, dès qu'ils le jugeront opportun, du côté des plus forts. M. de Fourtou fut le ministre chéri des impérialistes. Il les protégea ostensiblement. Devant cette trop évidente protection, les autres ministres, et surtout le duc Decazes, scandalisés par l'attitude politique de leur collègue, le contraignirent de quitter le ministère.

Sous le ministère de Broglie, en effet, la faction s'était contentée d'intriguer; sous le ministère de Fourtou, enhardie par l'impunité, elle complota tout à son aise. Envois de photographies de l'écolier de Woolwich, sociétés secrètes déguisées sous le nom de comités de comptabilité ou de littérature, promesses de fonctions salariées par l'État, menaces, tout fut employé par elle pour conquérir les suffrages des électeurs.

En vue, surtout, des élections futures, un comité central, dit de l'appel au peuple, dont les ramifications s'étendaient dans toute la France, fut constitué à Paris. Une circulaire émanant de ce comité, et envoyée, lors d'une élection dans le département de la Nièvre, à un électeur, fut lue à la tribune de l'Assemblée, et vint dévoiler la conspiration bonapartiste qui étreignait la France. « Notez avec soin, disait ce papier révélateur, ceux qui nous sont hostiles ou seulement indifférents. » On resta confondu devant tant d'audace et de cynisme. M. Rouher *déclara sur l'honneur* qu'il n'avait connaissance d'aucune société secrète bonapartiste, ·aussi, le scandale fut grand, lorsque, après une instruction préalable, il résulta des investigations de la justice que le comité de l'appel au peuple existait réellement, et que M. Rouher le préside. L'ex-vice-empereur était pris en flagrant délit d'...... erreur. Mais, ô ruse infernale bien digne de conspirateurs de naissance ! les bonapartistes, dans leurs sourdes menées, avaient violé l'esprit mais non la lettre de la loi. Une association n'a le caractère d'illicite que lorsqu'elle est composée de vingt et un affiliés (1), et le comité de l'appel au peuple ne comprenait à Paris que dix-huit affiliés, ses succursales en province, dix-neuf et vingt ; mais le lien existant entre ces divers comités travaillant dans le même but n'était, paraît-il, pas assez évident. Le parquet de la Seine ne trouva pas, dans l'espèce, les éléments constitutifs d'un délit, et rendit une ordonnance de non-lieu !

Ce n'est pas tout. Le fait suivant, se rattachant à la

---

(1) Article 291, Code pénal, loi du 10 avril 1834, art. 1.

même affaire, fait ressortir, mieux que tous les commentaires, la puissance de la faction sous la République. Tout récemment, M. de Bourgoing, le député élu dans la Nièvre le 24 mai 1874, faisait assigner devant le tribunal correctionnel de Nevers, M. Lévadon, rédacteur de *la République de la Nièvre*, pour l'avoir diffamé dans ce journal. M. de Bourgoing avait besoin, pour soutenir sa plainte, de certaines pièces se référant à l'instruction criminelle commencée à Paris contre les bonapartistes, et qui devaient rester secrètes. Il les demanda au ministre de la justice et les obtint. M. Tailhand nie les faits ; c'est assez facile. Mais deux honorables députés, MM. Brisson, défenseur de M. Lévadon, et Girerd *affirment* avoir vu les pièces en question dans le dossier de l'avocat de M. de Bourgoing. Le ministre de la justice, mis en demeure de les communiquer à la commission chargée de faire sur l'élection de M. de Bourgoing le rapport nécessaire à la validation des pouvoirs de ce député, refusa d'accéder à cette demande.

M. Tailhand croyait obéir ici à la loi..... Mais alors il l'avait violée pour favoriser M. de Bourgoing ! Ainsi, une commission émanant de l'Assemblée nationale a moins de crédit auprès des ministres qu'un simple bonapartiste. Il n'est pas nécessaire d'insister ; ce rapprochement suffit, il me semble, pour montrer l'influence de la faction dans les hautes sphères gouvernementales.

Les bonapartistes s'affublent, au besoin, de la robe et du masque d'Escobar. Dans les élections, par exemple, ils se prétendant septennalistes. Les légitimistes, en gens loyaux et honnêtes, osent, au moins, dire, en pleine Assemblée nationale que « le roi n'attendra pas à la porte du septennat». Les bonapartistes, plus avisés, espérant avant tout, augmenter leur influence à l'aide de la situation équivoque où nous vivons, disent : « Le Prince impérial peut attendre à la porte du septennat». C'est dans ce sens que se sont exprimés, dans leur profession de foi, les candidats bonapartistes qui, sous le gouvernement du Maréchal, ont sollicité les suffrages des électeurs ; tous, depuis M. de Bourgoing, jusqu'à M. Cazeaux, dans les Hautes-Pyrénées, se sont engagés à soutenir le septennat. Mais les fauteurs du 2 décembre nous ont montré trop souvent comment ils étaient fidèles à leur parole, pour présumer qu'ils laisseraient échapper une occasion favorable, au cas où elle viendrait à se présenter. Que le hasard les mette en majorité dans une Assemblée nationale nouvelle, il est certain que s'ils parvenaient à mettre la main sur l'armée, supposition irréalisable, car l'armée, c'est la France, leur premier acte serait de renverser le Maréchal et de rappeler le petit héros de Sarrebruck.

Résumons-nous : si nous sommes aujourd'hui dans le chaos politique, si le fléau national du bonapartisme se montre maintenant sur cent points divers, c'est grâce aux royalistes. Ils ont fait le 24 mai ; alors tout était prêt pour une solution, à la fois conservatrice et libérale. Sans ce coup d'État parlementaire, la France, sortie de l'impasse où l'avaient précipitée les fautes de l'empire, serait maintenant dans les conditions normales d'une nation libre et prospère. Avec leur tentative de restauration monarchiste, les royalistes ont rappelé l'empire aux populations rurales effrayées par le drapeau blanc. En outre, ils ont maintenu partout l'état de siége, bâillonné la presse républicaine, entretenu le provisoire politique. Leurs ministres ont garni l'administration de fonctionnaires bonapartistes continuateurs des traditions impériales. Ne nous étonnons donc pas si, à l'heure présente il est difficile d'arrêter les progrès de la faction du 2 décembre.

Cette œuvre de réparations n'est néanmoins pas impossible, et si les royalistes égarés se rendaient un compte exact des malheurs causés à la patrie par la prolongation de l'incertitude, ils s'uniraient, sans arrière-pensée, aux républicains pour constituer la République et expulser les bonapartistes de tous les postes qu'ils occupent dans l'administration du pays. Aux conspirations, aux ténébreuses intrigues d'une faction détestée, il faut opposer la ligue des gens de bien. Ah ! si au milieu d'une situation intolérable qui, en se prolongeant, mènerait tout droit notre pays à l'anarchie ou au césarisme, les royalistes ne se laissaient pas aveugler par leurs préjugés funestes contre la République ; s'ils voulaient se rendre à cette vérité que les morts ne revivent pas et que la monarchie a vécu ; si, au lieu de combattre la démocratie, ils se mettaient bravement à sa tête, nous pourrions refaire la liberté dans cette pauvre France, mutilée par la conquête et abîmée par le despotisme ! Mais non ! loin de tendre la main aux libéraux, ils les prennent en suspicion et créent ainsi tous les bouleversements politiques au milieu desquels nous nous agitons depuis le commencement du siècle. « Quand, par hasard, la France conservatrice se réveille de la torpeur où elle est plongée, disait éloquemment à la fin de l'empire, M. E. Duvergier de Hauranne, c'est pour jeter sur l'avenir un regard d'épouvante, c'est pour s'écrier que la société est perdue et qu'il faut opposer à la démocratie cette résistance désespérée qui ne sert qu'à retarder les catastrophes sans les prévenir. Elle ne voit pas que le danger est dans la terreur même qui la paralyse et dans la lâche inaction qui l'étiole. »

La résurrection politique du bonapartisme n'est pas l'œuvre seule des royalistes, il faut aussi l'attribuer à l'ignorance politique du suffrage universel. Nous manquerions à notre devoir de critique impartial si nous nous abstenions de citer cette cause. Si nous voulons, en effet, nous relever, devenir un peuple nouveau, et reprendre la place qui nous est due dans le monde, il faut nous connaître nous-mêmes. C'est là, disait le philosophe antique, le commencement de la sagesse. Ce sera pour nous, le commencement de la régénération. Nous allons parler ici du travailleur des campagnes et lui dire de cruelles vérités. Si ces vérités atteignaient quelques-uns de nos concitoyens, nous les supplions de songer aux catastrophes de la dernière guerre, aux maux attirés sur la patrie par la dynastie des Bonaparte, appelée à régner par les populations rurales après le crime de décembre, et si ces Français ne sont pas aveuglés par l'esprit de parti, ils consentiront à reconnaître dans cet écrit un acte de patriotisme.

S'il faut en croire quelques-unes des dernières élections, les populations rurales ne seraient pas loin de souhaiter l'empire. D'où peut donc venir cet attachement aux idées césariennes ? Nous allons peut-être exprimer pour beaucoup de personnes une grossière erreur, mais, à notre avis, le paysan n'a pas d'opinion politique arrêtée. Il n'est ni royaliste ni républicain, et s'il vote pour les bonapartistes, il ne vote pas pour le bonapartisme. Le paysan vote pour l'homme avant de voter pour l'idée. Tel préfet, par exemple, a pris l'initiative d'un chemin de fer d'intérêt local ; tel député est intervenu personnellement dans un procès soutenu par la commune contre quelque riche propriétaire de la localité, et cette intervention officieuse, assez fréquente, sous l'empire, a fait triompher la commune : c'est suffisant pour que le paysan se souvienne de l'ancien préfet, de l'ancien député, et lui accorde son suffrage.

D'ailleurs, il faut avouer, en toute sincérité, que les fonctionnaires bonapartistes connaissent, à merveille, le côté faible du caractère des paysans. C'est avec une incroyable habileté qu'ils savaient exploiter leurs sympathies. Tout le monde se rappelle l'astucieuse bonhomie avec laquelle ils présidaient les banquets donnés par les municipalités, à l'occasion des comices agricoles, et ouvraient les bals champêtres qui leur succédaient.

Si l'empire voulait, par-dessus tout, amuser le peuple, c'est que, écartant ainsi tout contrôle inopportun dans les affaires de l'État, il pouvait, à son gré, gouverner avec despotisme. Pendant, en effet, que les Français s'amusaient, ils ne faisaient pas de politique. C'était là le système gouvernemental inauguré par les Césars de l'antique Rome, et qui avait été la principale cause *de la décadence du peuple romain.* Ce fut aussi le secret des Bonaparte : « Enrichissez-vous ! avait dit Guizot. — Amusez-vous ! » répondit Bonaparte. Aussi ne peut-on se défendre d'un profond sentiment de tristesse et d'indignation quand on songe que, durant les fêtes données au peuple, l'empire dilapidait, à son aise, nos finances (1), jetait notre or dans la désastreuse expédition du Mexique, dépouillait pour les nécessités de cette guerre lointaine nos places fortes de leur matériel et cachait à la nation l'effectif de notre armée.

Le jour de la guerre est venu ; ce fut aussi le jour des déceptions et des catastrophes ! Ces souvenirs néfastes de l'histoire du second empire nous entraînent loin de notre sujet, et semblent nous faire oublier l'habitant des campagnes ; nous y revenons. Le paysan ne lit pas, il n'en a pas le loisir. Ce n'est pas lorsqu'il est accablé de lassitude, après une longue journée de travail, à peine interrompue par un repas frugal, qu'il ira chercher le délassement de ses fatigues dans

---

(1) Des chiffres officiels font connaître ce que l'empereur a personnellement coûté à la France pendant son règne ; c'est fabuleux. Les dépenses directement imputables à Napoléon III s'élèvent à *quatre cent cinquante millions de francs,* la nourriture de plus de vingt mille personnes pendant vingt ans. La liste civile a coûté six cents millions. (Voir la brochure : *les Finances du second empire,* par Lefèvre.)

la lecture d'un journal. Le sommeil le saisit, et, après le repos qu'il a bien gagné, il recommence le lendemain ses labeurs la veille. Il ne se rend pas assez compte de la valeur de son suffrage.

Le citoyen instruit, qui sait de quel poids est son bulletin de vote dans la balance des destinées de la patrie, estime que la privation de ses droits civiques est la plus grave des peines qui puisse l'atteindre. Ce titre de citoyen est le plus noble dont il s'enorgueillisse, et l'abstention, au moment du vote, est un crime à ses yeux. Le républicain convaincu subordonne toujours l'intérêt privé à l'intérêt général, l'intérêt de sa famille à l'intérêt sacré de l'État, et si, dans le collége électoral dont il fait partie, son père se recommandait aux électeurs en qualité de royaliste ou de bonapartiste, il n'hésiterait pas à voter contre son père. Le droit de participer par son vote à la gestion de la chose publique semble, au contraire, être, pour le travailleur des champs un droit accessoire, et vous pouvez être presque certain que si, pour aller voter, il éprouvait le moindre dérangement, sacrifiait la plus modique somme d'argent, il aimerait certainement mieux s'abstenir. Nous ne parlons pas ici des élections municipales, car lorsque celles-ci se produisent, des animosités personnelles dirigent souvent le suffrage, et chacun accomplit scrupuleusement son devoir d'électeur.

Le meilleur gouvernement, selon l'habitant des campagnes, est celui sous lequel il fait les plus belles récoltes. Sans souci de l'avenir, il est tout au moment présent ; l'intérêt immédiat, voilà ce qu'il recherche avant tout. Peu lui importe une guerre désastreuse, à longue échéance, pourvu qu'on le laisse en paix faucher ses prairies, ensemencer et moissonner ses blés. Si un nouveau gouvernement lui impose un surcroît d'impôts, il lui en attribue la responsabilité sans se préoccuper d'aucune sorte si cette augmentation provient des fautes d'un précédent gouvernement.

Si le paysan demande ce qu'il faut entendre par république à un homme plus instruit que lui, mais réactionnaire, celui-ci se hâtera, sans doute, de lui répondre :

« C'est la situation politique d'une nation qui n'a ni roi ni empereur, et par conséquent point de maître ; comme, dàns ce monde, rien ne peut marcher sans la direction d'un chef, la république est, par suite, un pouvoir faible et le désordre perpétuel. La république est l'ennemie de la propriété, de la famille, de la religion. » Notre homme, qui n'a pas assez d'instruction pour contrôler de semblables assertions, n'en demandera pas davantage.— « L'État, c'est comme la famille, dira-t-il ; dans l'État il faut l'autorité d'un chef, comme dans la famille il faut celle du père ; si, dans l'État, tout le monde veut commander, c'est une anarchie constante ; et si, dans la famille, le père, ce conciliateur entre les enfants, fait défaut, ceux-ci ne pourront jamais s'entendre ; la guerre sera perpétuelle au foyer domestique. » Convaincu par cet hypocrite raisonnement, le paysan deviendra antirépublicain.

Mais, si pour savoir ce qu'est la république, il s'adresse à un libéral, celui-ci lui répondra : « La République est la forme de gouvernement dans laquelle tu es ton maître. L'État, il est vrai, est bien une famille, mais, au lieu d'avoir, comme la famille ordinaire, un chef donné par la nature, il en a un que tu crées toi-même. C'est pourquoi, sous la république, tu es ton véritable maître. Alors, en effet, tu nommes des représentants à l'Assemblée nationale, et, ceux-ci, élus par toi, nomment à leur tour le chef de l'État. Cette élection doit se faire à deux degrés, car si tu nommais directement le président de la République, celui-ci, élu par huit millions de citóyens, par exemple, pourrait se croire plus d'autorité que l'Assemblée des représentants élue par le même nombre de suffrages. Sous l'empire de cette idée, il pourrait être tenté de mettre sà personnalité à la place de la représentation nationale. Ainsi, tu le vois, si, sous la République, il n'existe pas de maître qui porte le titre de roi ou d'empereur, il n'en est pas moins une vivante réalité; mais le maître, ici, c'est le peuple qui, par les élections, intervient dans les déclarations de guerre, la confection des lois, la répartition de l'impôt, en un mot, dans l'administration tout entière de l'État. La monarchie, au contraire, est une forme de gouvernement dans laquelle tu n'es rien. A la volonté du peuple, aux élections par lesquelles tu manifestes ta souveraineté est substitué le bon plaisir du roi, d'un parti, d'une caste privilégiée. Si, dans une certaine monarchie, — la monarchie césarienne, — on te laisse le droit électoral, ce droit n'est qu'apparent, car, pour arracher un suffrage favorable, on emploie la corruption et l'intimidation. »

La République n'est pas, comme on voudrait le faire croire, le désordre perpétuel, et, partant, un gouvernement faible. Nous sommes, aujourd'hui, dans un siècle de lutte entre l'aristocratie et la démocratie ; entre la monarchie et la république. C'est pourquoi il ne faut pas prendre pour type de régime politique ceux qui, décorés, soit de l'étiquette républicaine, soit de l'étiquette monarchique, se sont succédé, en France, depuis quatre-vingts ans. Les uns et les autre n'ont été que des régimes révolutionnaires, et si la république, qui s'est toujours produite sous forme de révolution, n'a pas réussi à assurer l'ordre et la liberté, les monarchies n'ont certes pas réussi davantage.

Lorsque l'adversaire de la république prétend que celle-ci est un régime gouvernemental sans aucune autorité, nous pouvons lui répondre hardiment, sans crainte d'être démenti que, dans ce siècle, jamais pou-

voir monarchique n'a été vraiment fort. Charles X tombe
sous les coups d'une insurrection concentrée dans les
murs de la capitale ; — quelques manifestations de banquets suffisent pour faire crouler le trône de Louis-
Philippe ; — une opposition de 45 membres, au Corps
législatif, force l'empereur, pour raffermir son pouvoir
ébranlé, de provoquer le plébiscite, de si funeste mé-
moire. La République, au contraire, brise l'insurrection
de juin 1848, écrase celle de la Commune de 1871, et,
pendant toute la durée du gouvernement de combat,
la majorité du Parlement put lutter avec succès contre
une opposition de 320 députés dont le tiers aurait suffi
pour discréditer auprès de l'opinion le pouvoir monarchique le plus puissant.

Faut-il réfuter cette allégation stupide, que les républicains sont des ennemis de la propriété, de la famille,
de la religion ?..... Sous l'ancien régime, le clergé et la
noblesse possédaient le tiers du territoire français, et
ces biens étaient exempts d'impôt. C'était le peuple
qui fournissait toutes les contributions nécessaires aux
services de l'État, et, la plupart du temps, il était
dans la pauvreté. Le clergé ou la noblesse prélevait,
en outre, la dixième partie des récoltes annuelles. Il y
a plus ; l'aîné de la famille avait ordinairement tous les
biens, et, par le moyen des substitutions, il les trans-
mettait lui-même à son fils aîné. Cette transmission
héréditaire, se répétant de générations en générations,
les autres enfants du testateur étaient toujours écartés
de la succession de leur père ; aussi, la misère des populations rurales était-elle universelle (1) ; mais un jour
est venu où cette misère, ces priviléges exorbitants de

---

(1) Sous le règne de Louis XIV, il n'y a pas deux cents ans,
les paysans, dans la Guyenne, contraints de vendre le blé de la
prochaine récolte pour payer l'impôt, restaient dans le dénûment
le plus absolu. L'intendant de la généralité de Limoges était effrayé

la noblesse, du clergé et des aînés des familles, ont cessé ; ce jour-là s'appelle 89. C'est à cette révolution glorieuse, c'est à la République, conclusion logique, pacifique et salutaire de cette révolution, que le peuple des campagnes doit la propriété. Le législateur moderne, en effet, a appelé à la dévolution des biens d'une succession tous les enfants du défunt, sans distinction d'âge ni de sexe, et il a dépouillé le père de famille du droit de les déshériter. Il a, de plus, aboli les substitutions, et, mettant ainsi en circulation les biens jusqu'alors de mainmorte, il a réparti de la manière la plus équitable la richesse publique.

M. Gambetta était l'éloquent interprète des idées que nous venons d'émettre lorsque, dans un de ses plus beaux discours, il disait : « Dans chaque sillon où travaille un paysan il y a un propriétaire, un Français, qui doit à la fois sa dignité, son indépendance matérielle et son titre de citoyen à cette Révolution qu'on lui présente injustement comme l'origine de nos troubles et comme la source de tous ses maux. » Il est donc bien établi que la République a fait de chaque Français un propriétaire, et c'est elle qu'on accuse d'être l'enne-

---

de la quantité de pauvres qu'il devait nourrir. Limoges seul comptait sept mille mendiants.

Le prince de Condé, venant prendre possession du gouvernement de Bourgogne, écrit à Pontchartrain : « Dans tous les villages de la route que j'ay faite, je n'ay pas vu un seul habitant qui ne m'ayt demandé l'aumosne. »

L'évêque de Montauban écrit : « Nous trouvons presque tous les jours, à la porte de cette ville et sur nos remparts, sept ou huit personnes mortes de faim, et, dans mon diocèse, qui contient sept cent cinquante paroisses, il meurt bien quatre cents personnes par jour. »

Toutes ces citations sont puisées à des sources officielles, à la correspondance des contrôleurs généraux des finances avec les intendants des provinces. (Voir l'étude de M. de Boislisle sur la misère des populations, au temps de Louis XIV.)

mie de la propriété ; l'assertion ne supporte pas l'examen. Cette répartition si juste de la propriété foncière, bienfait de la Révolution, est précisément l'obstacle le plus insurmontable aux progrès des doctrines communistes. En France, une liquidation sociale n'est pas à craindre, car plus des deux tiers de la population jouissant d'une part de la propriété foncière et mobilière, ceux qui ont intérêt à défendre l'ordre sont plus nombreux que ceux ont intérêt à l'attaquer. L'œuvre de la Révolution est donc toute de justice et de conservation sociales.

Est-il besoin de repousser aussi cette accusation, que les républicains sont des ennemis de la famille et de la religion ? Mais qui donc a porté des atteintes plus graves à la famille que les rois avec leurs lettres de cachet, que Louis XIV, par exemple, entretenant ses maîtresses à côté de la reine et érigeant la bâtardise en dogme d'État ; que Louis XV, abandonnant les rênes du gouvernement aux mains de courtisanes et donnant à la nation l'exemple des plus ignobles débauches ? La religion ! et qui donc l'a plus discréditée que Charles IX, arquebusant ses sujets à la Saint-Barthélemi ; que le roi Henri IV passant par la messe pour arriver au trône ; que Louis XIV détruisant Port-Royal, révoquant l'édit de Nantes, ou faisant sabrer, au nom de Dieu et de l'Église, protestants et camisards ; que Charles X, enfin, abandonnant la France aux folies de la Congrégation ?

Il n'est pas nécessaire d'insister. Nous avons fait suffisamment justice des principales objections qu'on soulève contre la République et dont ses ennemis abusent à plaisir, quand il ont en face d'eux un habitant des campagnes.

L'ignorance du suffrage universel est donc une triste réalité ; il est incontestable, pour nous, qu'elle est une des causes des progrès des bonapartistes.

Déjà, en 1791, Talleyrand, dans un remarquable rapport sur l'éducation nationale, rapport qu'il lut à l'Assemblée constituante, dans les séances du 10 et du 11 septembre 1790, avait dit : « Il faut apprendre la constitution, il faut que la Déclaration des droits (de l'homme et du citoyen), compose, à l'avenir, un nouveau catéchisme pour l'enfance. » C'est ce système d'éducation nationale, avorté par suite de l'opposition des gouvernements et des événements qui ont agité la France pendant le xixe siècle, qu'il s'agit aujourd'hui d'introduire dans toutes les écoles primaires. On crie, nous le savons, au scandale ; on dit qu'on proscrit ainsi l'éducation religieuse. Loin de nous la pensée de substituer le catéchisme politique au catéchisme diocésain ! seulement il nous semble que, tout en faisant à l'instruction religieuse une part légitime dans l'éducation de la jeunesse, on peut ne pas négliger l'instruction sociale, indispensable dans un pays de suffrage universel ; ces deux instructions peuvent, sans aucune difficulté, être données simultanément. Mais, comme on pourrait sacrifier l'une à l'autre, il serait nécessaire, pour contraindre l'enfant à consacrer à toutes deux un temps suffisant, que l'instruction sociale fût donnée à l'école par l'instituteur et l'instruction religieuse à l'église par le curé.

Ajoutez, maintenant, à l'instruction gratuite et obligatoire, et à l'enseignement de quelques notions élémentaires de constitution, une presse libre, sous la seule sanction du jugement par jurés, assez nombreuse pour représenter les différentes nuances de l'opinion, et assez peu coûteuse pour pénétrer plus facilement dans les masses, une liberté de réunion suffisante pour permettre aux citoyens, lors de la période électorale, de s'éclairer sur la valeur personnelle des candidats briguant leurs suffrages, et vous avez, en somme, les remèdes que notre société peut appliquer à l'ignorance politique du suffrage universel et à l'influence du bonapartisme.

Il faut donc instruire le suffrage universel, au lieu de lui déclarer la guerre. Comme toutes les institutions politiques, il est susceptible d'améliorations, de progrès. Depuis vingt-cinq ans il est immuable. L'empire a fait tout son possible pour ne pas l'éclairer. Il ne faut donc pas s'étonner de son défaut de lumières et de la façon dont il se manifeste quelquefois. Le suffrage universel dont l'indépendance n'est pas garantie par les libertés nécessaires, ne peut qu'engendrer la tyrannie du nombre, le despotisme césarien, au lieu d'être la sauvegarde de l'ordre et de la liberté.

Mais laissons ces théories, pour toucher la réalité. En ce moment, le bonapartisme étend ses ravages sur nos populations rurales et menace l'avenir de la France. La dissolution est proche; il faut parer, à tout prix, à l'humiliante éventualité d'une majorité bonapartiste aux élections générales. Pour cela, le gouvernement doit commencer par déblayer l'administration de tous les bonapartistes qui l'encombrent.

Conservateurs du centre droit, jusques à quand sacrifierez-vous le bonheur, la liberté, la grandeur de votre patrie à vos prétentions irréalisables? jusques à quand fermerez-vous les yeux à la lumière et entretiendrez-vous ce provisoire énervant qui aigrit les cœurs, jette le découragement, la lassitude dans les esprits et grandit l'influence de l'empire? Oui, vos atermoiements sont criminels. Il est, en effet, des nécessités politiques qui s'imposent à un peuple; la nécessité, en face du progrès du bonapartisme, c'est la république. Eh quoi! cette faction qui, au 2 décembre, a supprimé la loi, transporté en masse ou mitraillé les citoyens qui la défendaient; cette faction qui s'honore d'avoir engendré les Napoléon III, les Morny, les Maupas, les Magnan, les Jecker, les Saint-Arnaud, tous ces hommes renouvélés de Catilina ; cette faction qui comptait parmi ses chefs Delesvaux et Lièvre ; Bazaine et Regnier ; Lefebvre-Duruflé, Clément Duvernois, Hugelmann et Collet-Meygret ; cette faction protégée de la Prusse (1) viendrait encore déshonorer la France ! Pendant de longues années, encore, la justice se voilerait la face ! La patrie, dont l'expiation est déjà si dure, dont les blessures reçues dans une guerre follement déclarée sont ouvertes, la patrie, qui pleure l'Alsace et la Lorraine, devrait bientôt porter le deuil de la Champagne, de la Bourgogne et de la Franche-Comté !

Conservateurs monarchistes, choisissez entre la République, sous les auspices de laquelle vous pouvez encore, avec dévouement, servir votre pays, car une République peut être, à la fois, conservatrice et libérale, et l'empire qui vous expulsera de toutes les fonctions publiques, et qui incarne l'humiliation nationale ! Choisissez, votre choix ne peut être long si votre patriotisme le dicte ! Le parti républicain, qui a dans le pays, de profondes racines, vous tend la main ; ne le repoussez. « C'est la République qui nous divise le moins, » a dit M. Thiers ; elle est la chose de tous, le terrain commun où peuvent se rencontrer avec honneur toutes les convictions honnêtes et sérieuses, tous les dévouements patriotiques. N'oubliez pas qu'elle a

---

(1) Procès d'Arnim. Audience du 12 décembre 1874 : « Je crois que nous ne devons pas repousser les bonapartistes..... ce sont.... les seuls qui recherchent notre appui, pendant que les autres fractions évitent toute relation avec nous et inscrivent le mot *Revanche* sur leur drapeau. » (Extrait du rapport de M. le comte d'Arnim, daté de Paris, le 6 mai 1872). — Dans la réponse M. de Bismark au même rapport, on lit : « Parmi tous les partis, l'empire bonapartiste est probablement celui dont on peut le plus espérer des relations supportables entre l'Allemagne et la France. » (Extrait de la dépêche de M. de Bismark, du 12 mars 1872, au comte d'Arnim.)

rendu des services immenses à la patrie, que c'est elle qui, par six mois de défense héroïque, a relevé l'honneur du drapeau français, tombé dans la boue de Sedan ; qu'elle a vaincu la Commune, libéré notre territoire de la présence de l'étranger, relevé notre crédit. N'oubliez pas surtout qu'elle est le seul rempart contre le césarisme et le communisme. C'est au nom des principes conservateurs qu'on vous adresse cet appel à la conciliation. Si vous poursuivez sincèrement la régénération de la France, pourquoi tant d'hésitations ?..... La patrie attend de vous un sacrifice nécessaire au relèvement de sa grandeur.

Vous ne sauriez rester sourds, à ce pressant appel. Le vieux Caton voyait le salut de Rome dans la chute de Carthage : *Delenda Carthago !* s'écriait-il.

Servanda Gallia ! voilà notre cri d'alarme, notre cri de ralliement.

IMPRIMERIE CENTRALE DES CHEMINS DE FER.— A. CHAIX ET Cⁱᵉ, RUE BERGÈRE, 20, A PARIS.—802-5

www.ingramcontent.com/pod-product-compliance
Lightning Source LLC
Chambersburg PA
CBHW051426060726
47596CB00006B/2381